So geht's:

Das Beispiel zeigt, wie du mit miniLÜK spielst. Die Übung findest du auf Seite 2 und 3.
Öffne das miniLÜK®-Kontrollgerät und lege den durchsichtigen Boden des Kontrollgerätes auf die untere Übungsseite deines miniLÜK-Heftes.

Nimm Plättchen 1. in die Hand und sieh dir Aufgabe 1. an.
Hier siehst du eine Zahlenschlange.
Suche die fehlende Zahl auf der unteren Seite.
Lege das Plättchen 1. mit der Ziffer nach oben auf das Kästchen mit der Zahl 14 auf der unteren Seite.

So spielst du weiter, bis alle 12 Plättchen auf dem durchsichtigen Teil des Kontrollgerätes liegen und keine Bilder mehr zu sehen sind.
Dann schließt du das Kontrollgerät und drehst es um. Wenn du das bei der Übung abgebildete Muster siehst, hast du alles richtig gemacht.

Passen einige Plättchen nicht in das Muster, löst du diese Übungen noch einmal.

Stimmt es jetzt?
Dann nun viel Spaß!

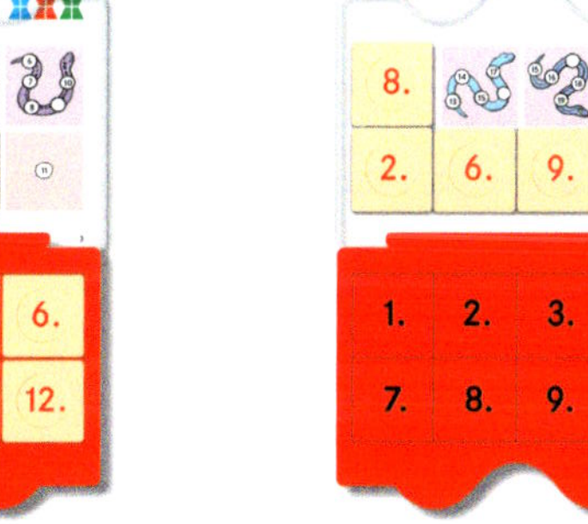

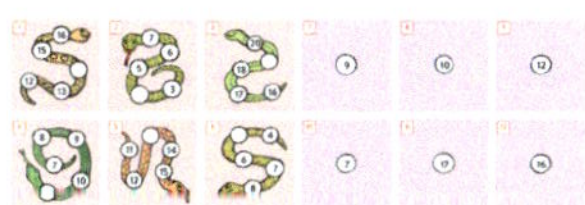
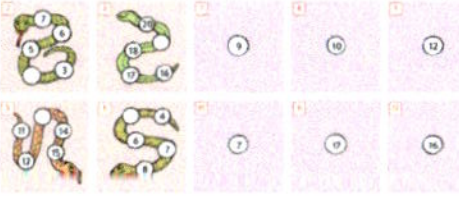
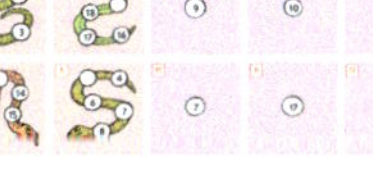

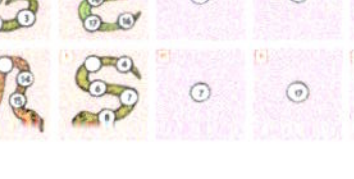

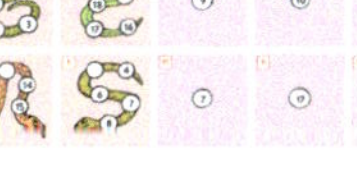
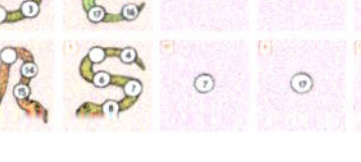

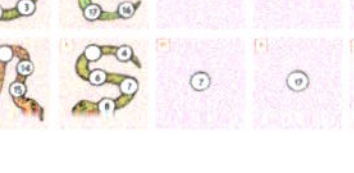

AF533817

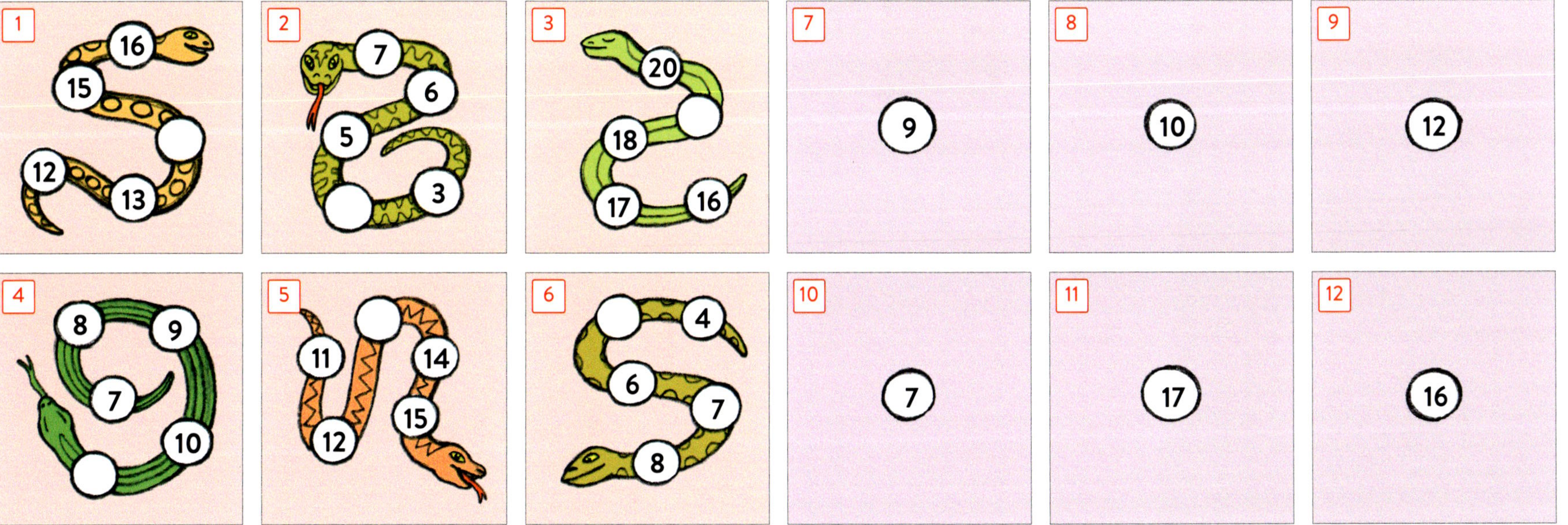
1
16
15
12
13
2
7
6
5
3
3
20
18
17
16
7
9
8
10
9
12
4
8
9
7
10
5
11
14
15
12
6
4
6
7
8
10
7
11
17
12
16

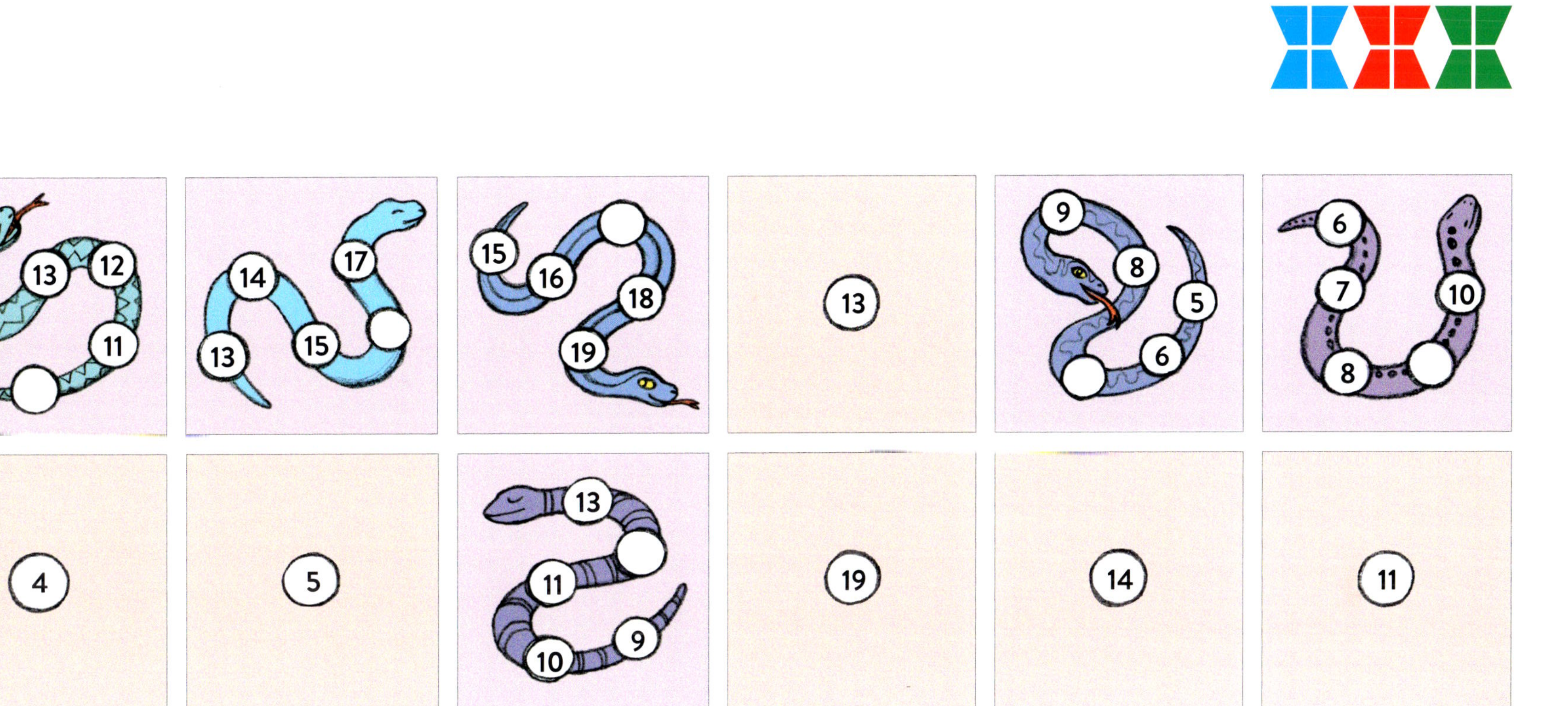
14 13 12 11
14 17 13 15
15 16 18 19
13
9 8 5 6
6 7 10 8
4
5
13 11 10 9
19
14
11

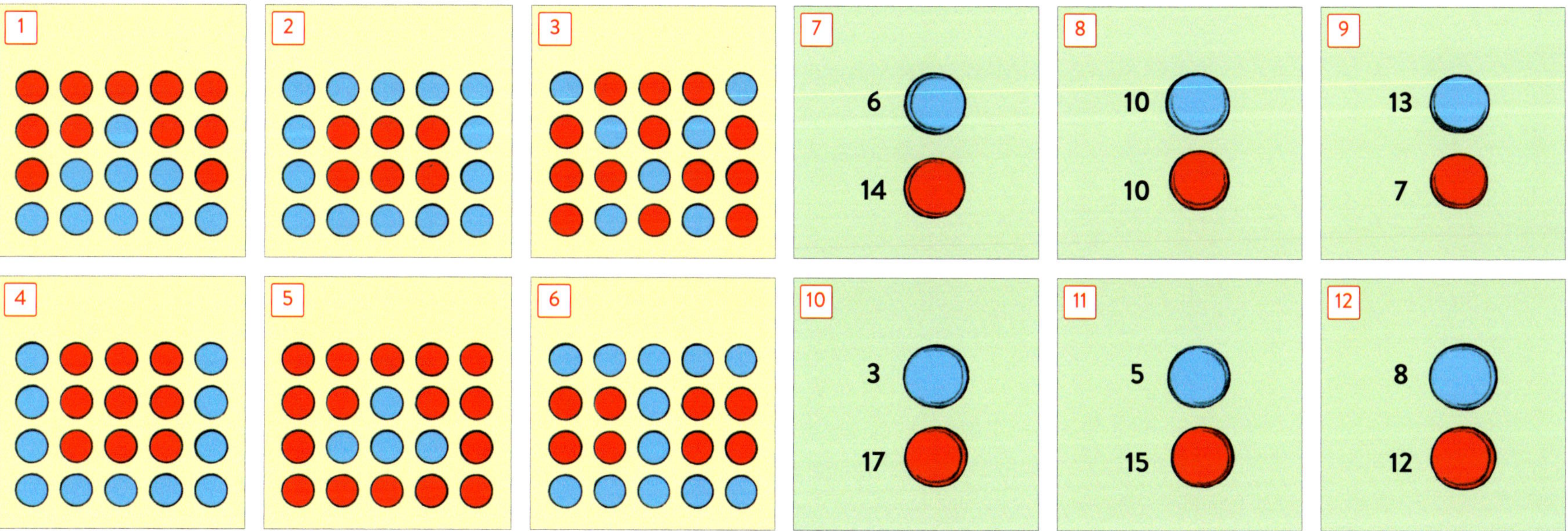
1
2
3
7
6
14
8
10
10
9
13
7
4
5
6
10
3
17
11
5
15
12
8
12

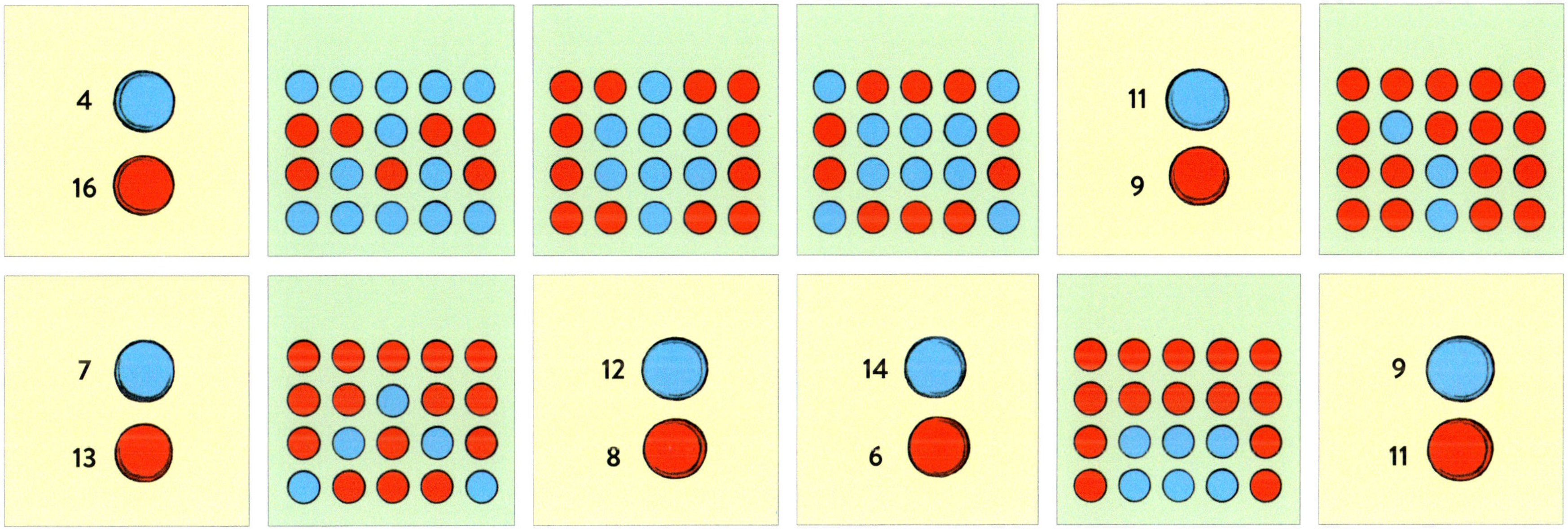

4
16

11
9

7
13

12
8

14
6

9
11

1

4 + 5 = ☐

14 + 5 = ☐

2

5 + 3 = ☐

15 + 3 = ☐

3

2 + 1 = ☐

12 + 1 = ☐

7

8
18

8

4
14

9

9
19

4

3 + 7 = ☐

13 + 7 = ☐

5

6 + 0 = ☐

16 + 0 = ☐

6

1 + 6 = ☐

11 + 6 = ☐

10

7
17

11

2
12

12

5
15

10 20	9 19	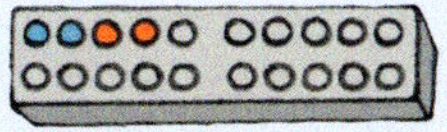 2 + 2 = ☐ 12 + 2 = ☐	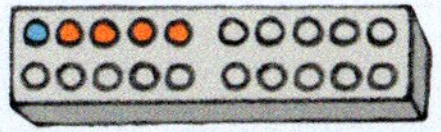 1 + 4 = ☐ 11 + 4 = ☐	3 13	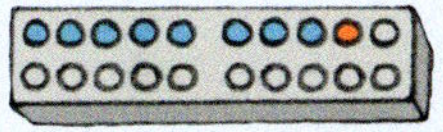 8 + 1 = ☐ 18 + 1 = ☐
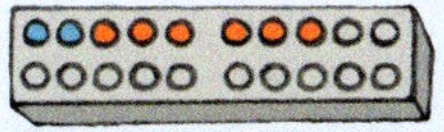 2 + 6 = ☐ 12 + 6 = ☐	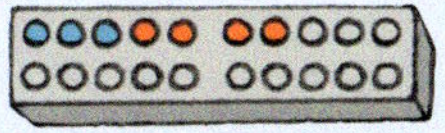 3 + 4 = ☐ 13 + 4 = ☐	8 18	7 17	6 16	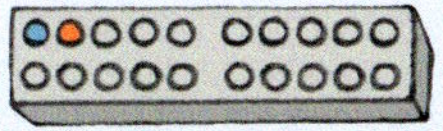 1 + 1 = ☐ 11 + 1 = ☐

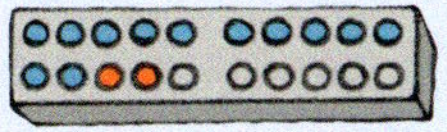

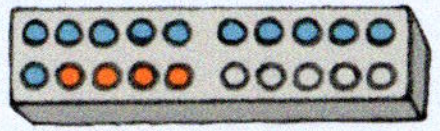

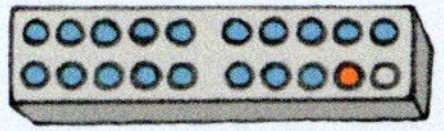

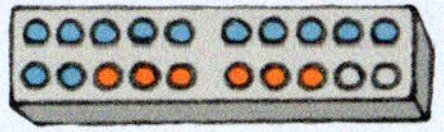

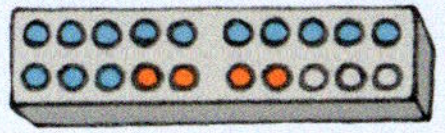

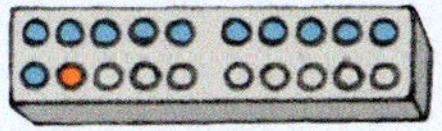

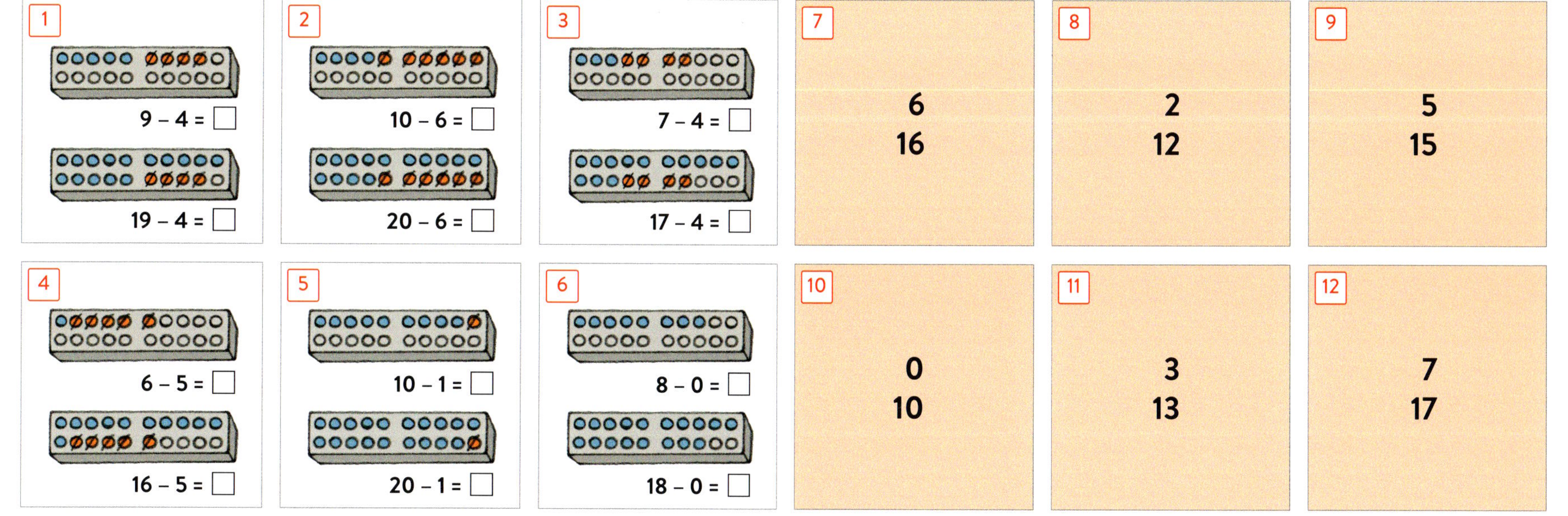
1
9 – 4 =
19 – 4 =
2
10 – 6 =
20 – 6 =
3
7 – 4 =
17 – 4 =
4
6 – 5 =
16 – 5 =
5
10 – 1 =
20 – 1 =
6
8 – 0 =
18 – 0 =
7
6
16
8
2
12
9
5
15
10
0
10
11
3
13
12
7
17

3 13	8 – 3 = ☐ 18 – 3 = ☐	9 – 2 = ☐ 19 – 2 = ☐	10 – 8 = ☐ 20 – 8 = ☐	1 11	5 15
9 19	4 – 1 = ☐ 14 – 1 = ☐	8 18	4 14	8 – 2 = ☐ 18 – 2 = ☐	5 – 5 = ☐ 15 – 5 = ☐

1

$8 + 8 = \square$

2

$9 + 4 = \square$

3

$6 + 7 = \square$

7

$4 + 6 + 2 = \boxed{12}$

8

$5 + 5 + 2 = \boxed{12}$

9

$7 + 3 + 3 = \boxed{13}$

4

$6 + 9 = \square$

5

$9 + 7 = \square$

6

$8 + 7 = \square$

10

$5 + 5 + 4 = \boxed{14}$

11

$7 + 3 + 4 = \boxed{14}$

12

$4 + 6 + 3 = \boxed{13}$

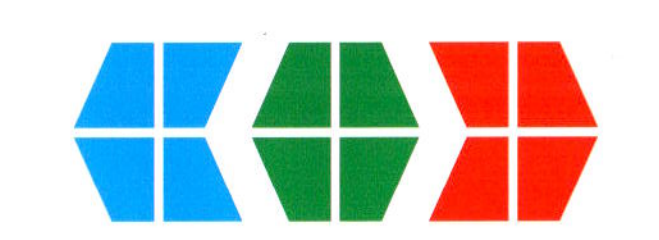

9 + 1 + 3 = 13	4 + 9 = ☐	8 + 2 + 6 = 16	6 + 4 + 5 = 15	7 + 7 = ☐	6 + 4 + 3 = 13
5 + 7 = ☐	8 + 2 + 5 = 15	5 + 9 = ☐	4 + 8 = ☐	7 + 6 = ☐	9 + 1 + 6 = 16

1
2
3
7
6
8
9
9
14
4
5
6
10
15
11
8
12
13

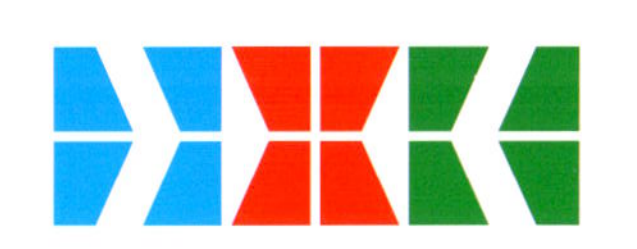

16			11		10
	18		7	12	

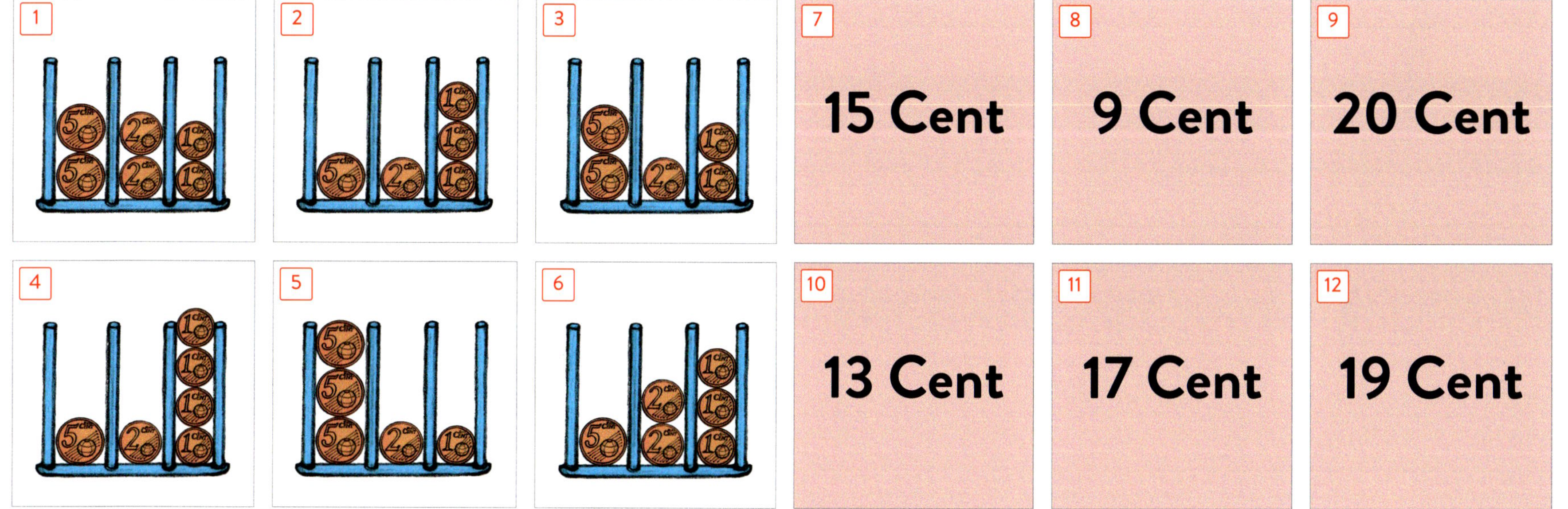
1
2
3
7
15 Cent
8
9 Cent
9
20 Cent
4
5
6
10
13 Cent
11
17 Cent
12
19 Cent

12 Cent	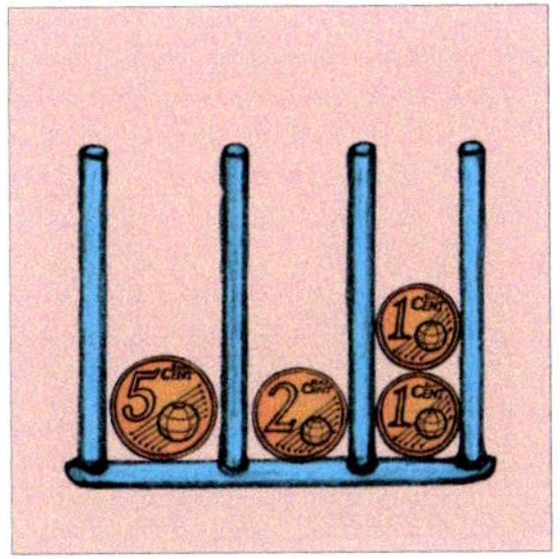	11 Cent	16 Cent	18 Cent	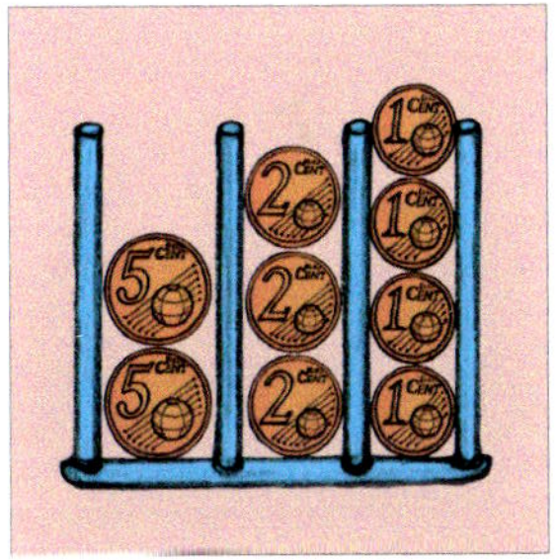
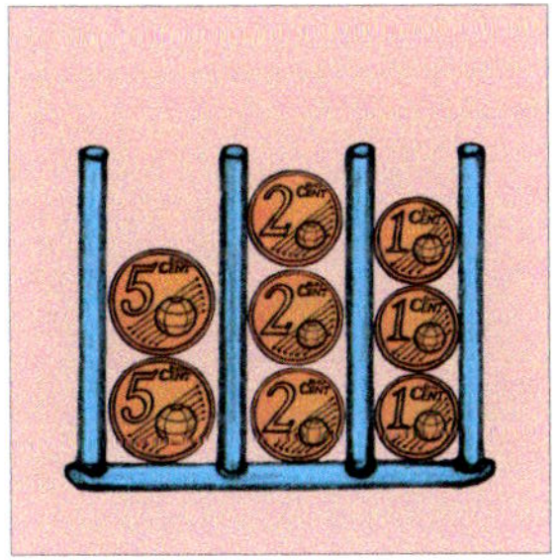	10 Cent			14 Cent	

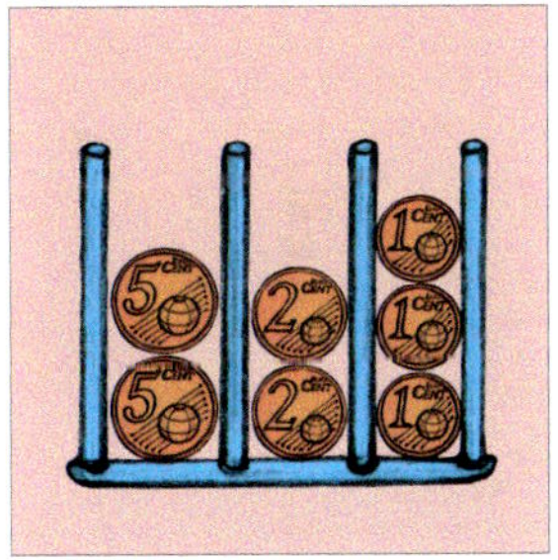

1	2	3	7 17	8 14	9 18
4	5	6	10 20	11 9	12 16

	11		19	12	
10			13		15

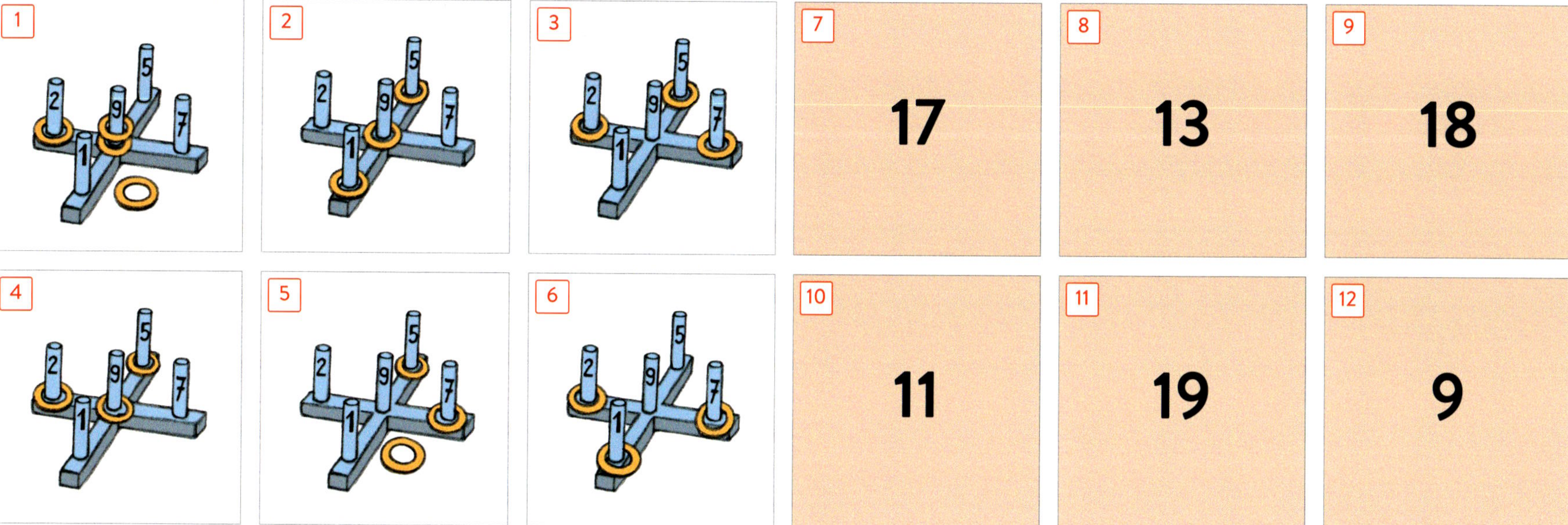

1
2
3
7
17
8
13
9
18
4
5
6
10
11
11
19
12
9

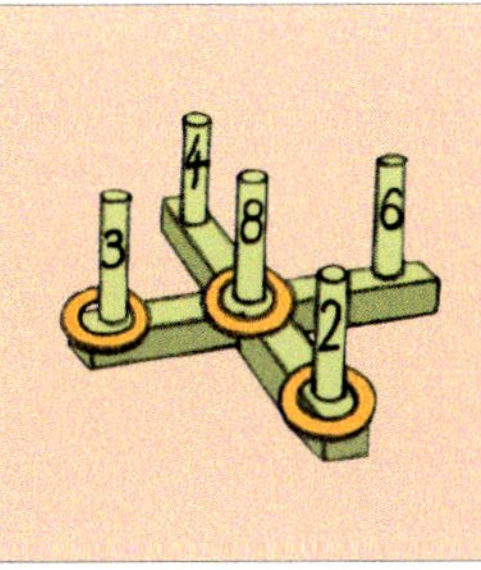

10

14

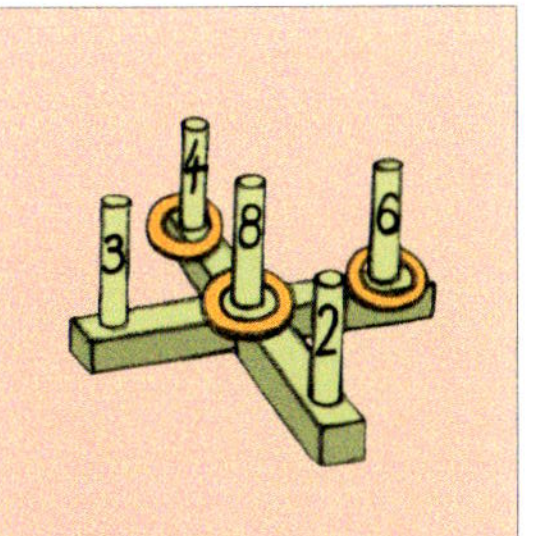
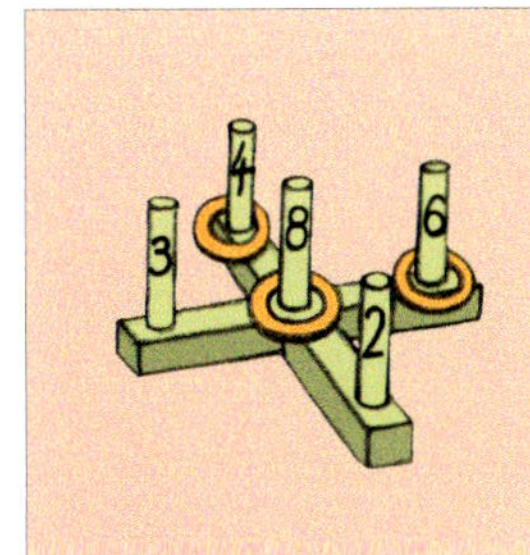
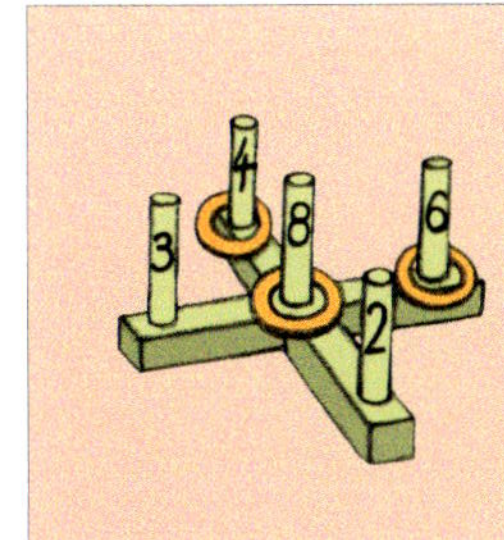

20

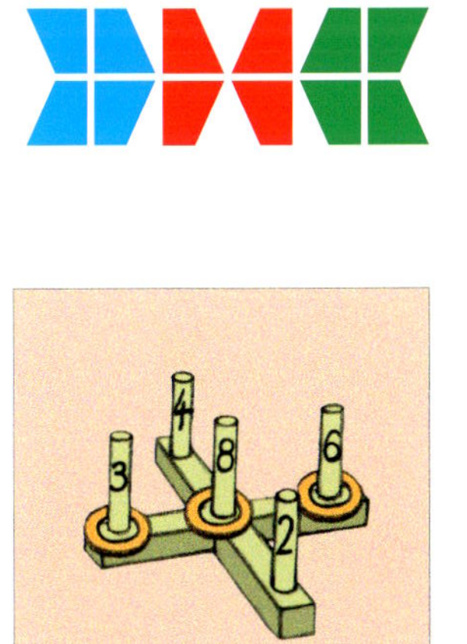
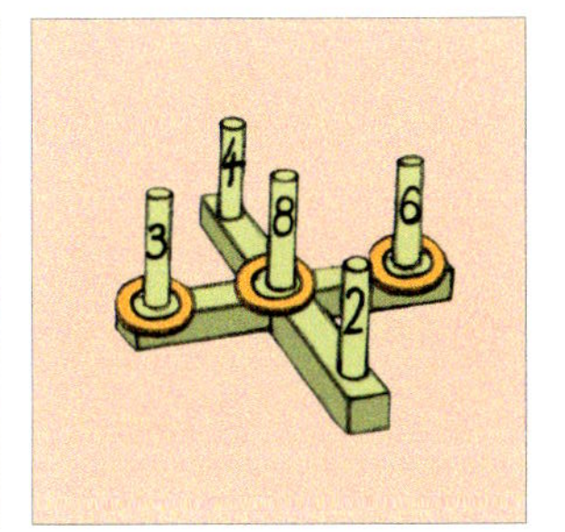
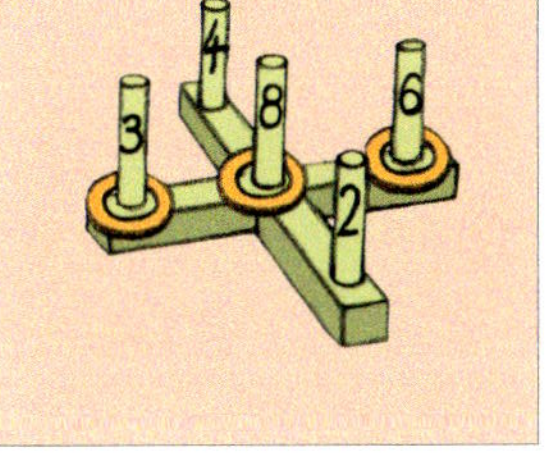
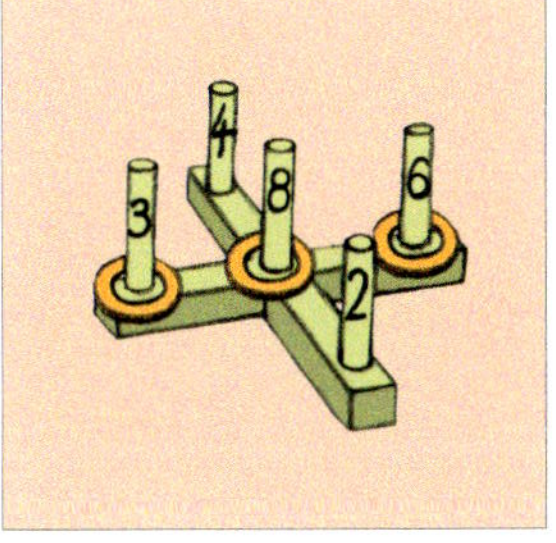

15

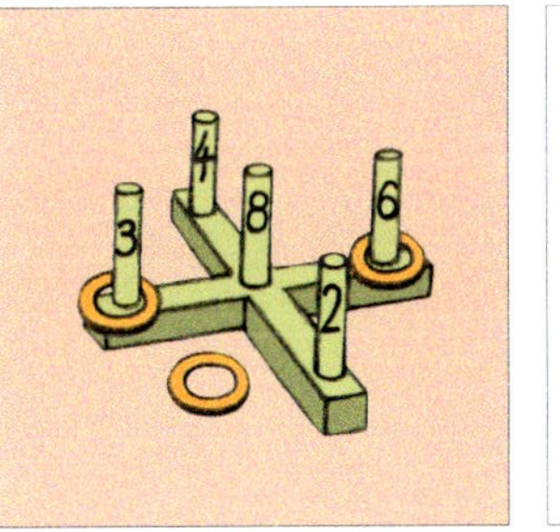
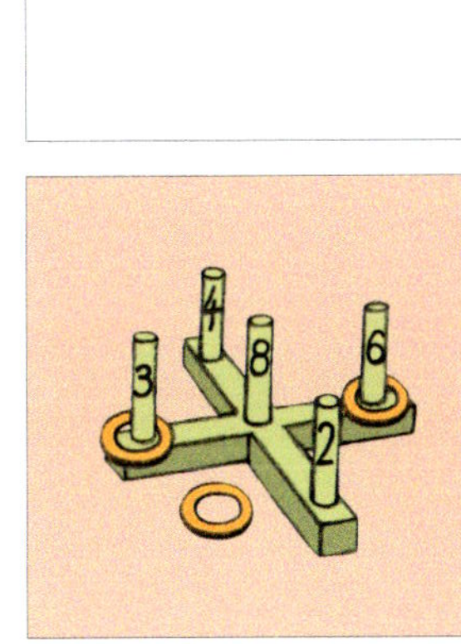

12

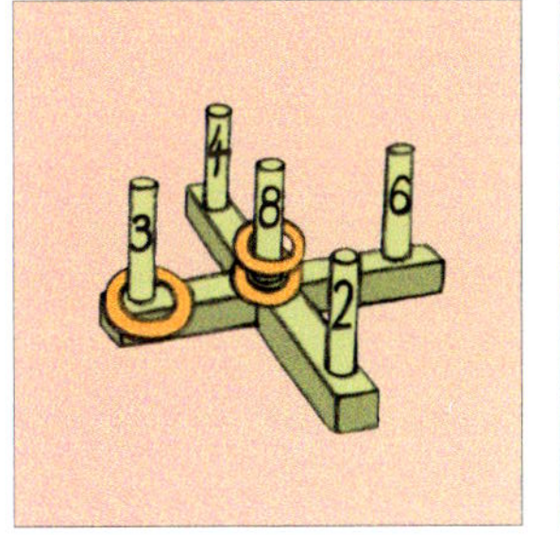
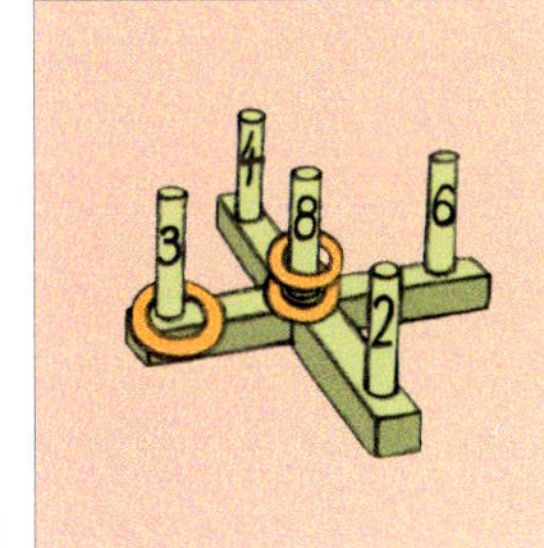

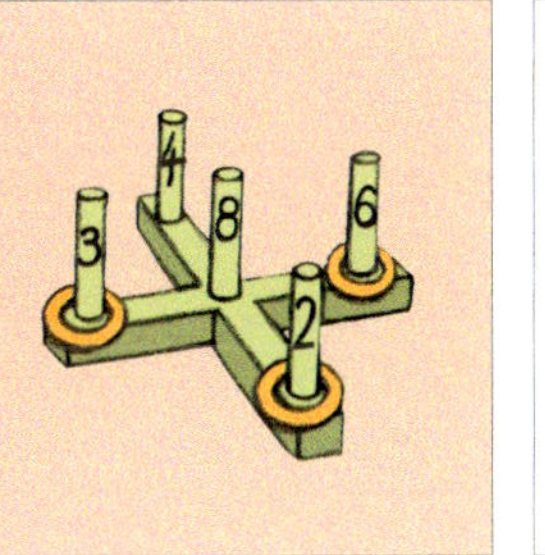
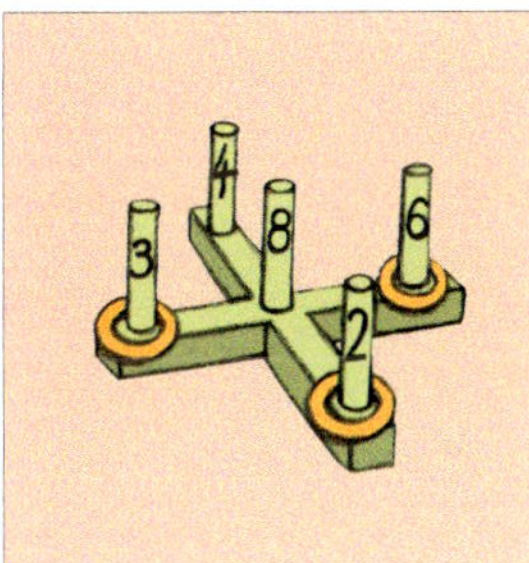

16

1

$15 - 6 = \square$

2

$13 - 6 = \square$

3

$16 - 7 = \square$

4

$13 - 7 = \square$

5

$16 - 9 = \square$

6

$15 - 9 = \square$

7

$14 - 4 - 2 = \boxed{8}$

8

$17 - 7 - 1 = \boxed{9}$

9

$12 - 2 - 3 = \boxed{7}$

10

$14 - 4 - 4 = \boxed{6}$

11

$12 - 2 - 4 = \boxed{6}$

12

$17 - 7 - 2 = \boxed{8}$

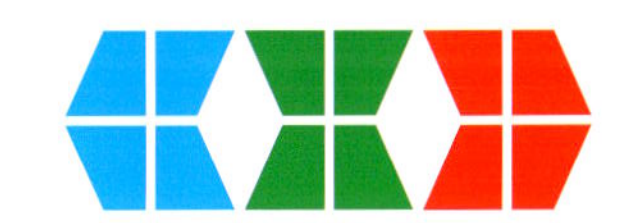

13 – 3 – 3 = 7	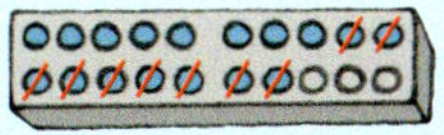 17 – 9 = ☐	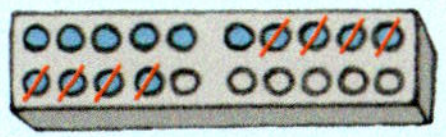 14 – 8 = ☐	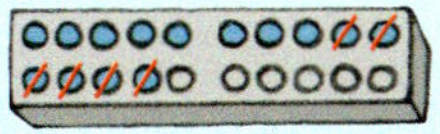 14 – 6 = ☐	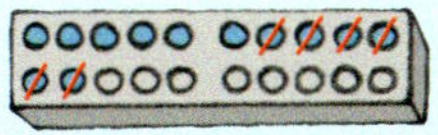 12 – 6 = ☐	16 – 6 – 1 = 9
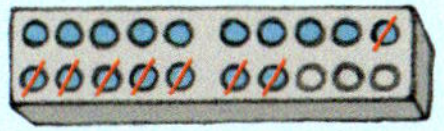 17 – 8 = ☐	15 – 5 – 4 = 6	15 – 5 – 1 = 9	13 – 3 – 4 = 6	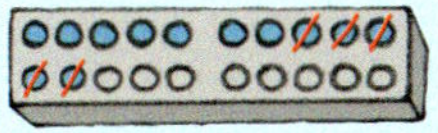 12 – 5 = ☐	16 – 6 – 3 = 7

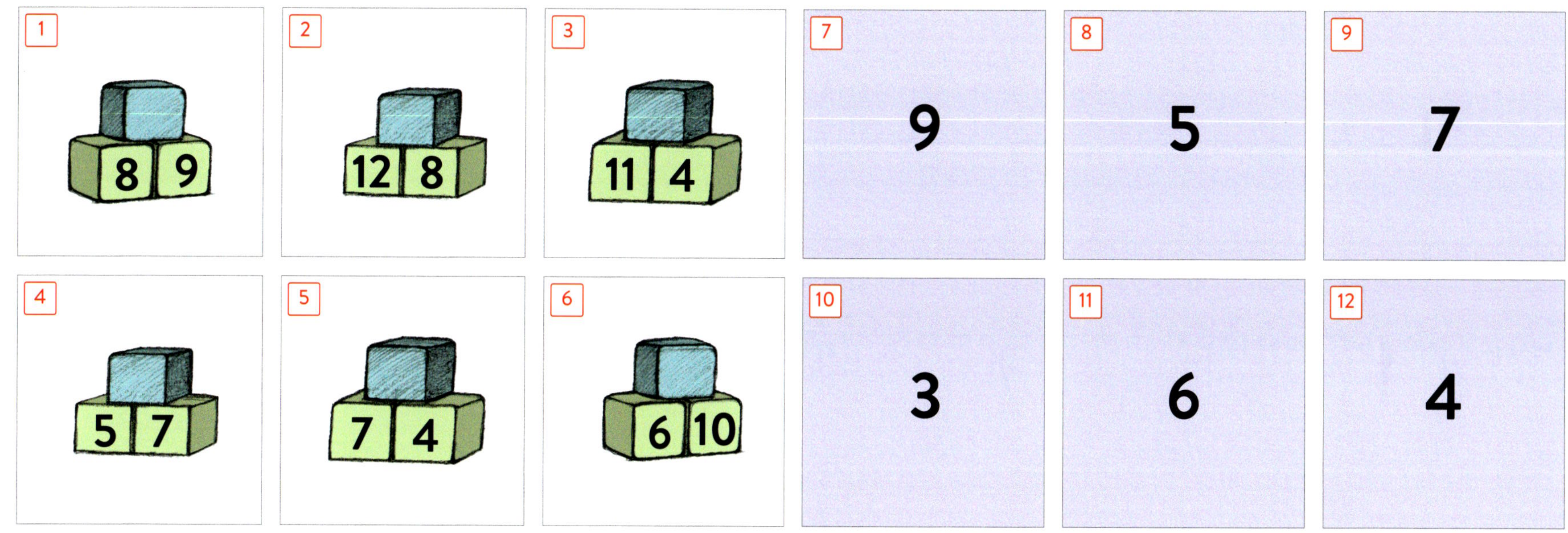
1
8 9
2
12 8
3
11 4
7
9
8
5
9
7
4
5 7
5
7 4
6
6 10
10
3
11
6
12
4

16 / 13	 18 / 9	 15 / 8	15	 14 / 9	 11 / 7
17	12	 13 / 7	11	20	16

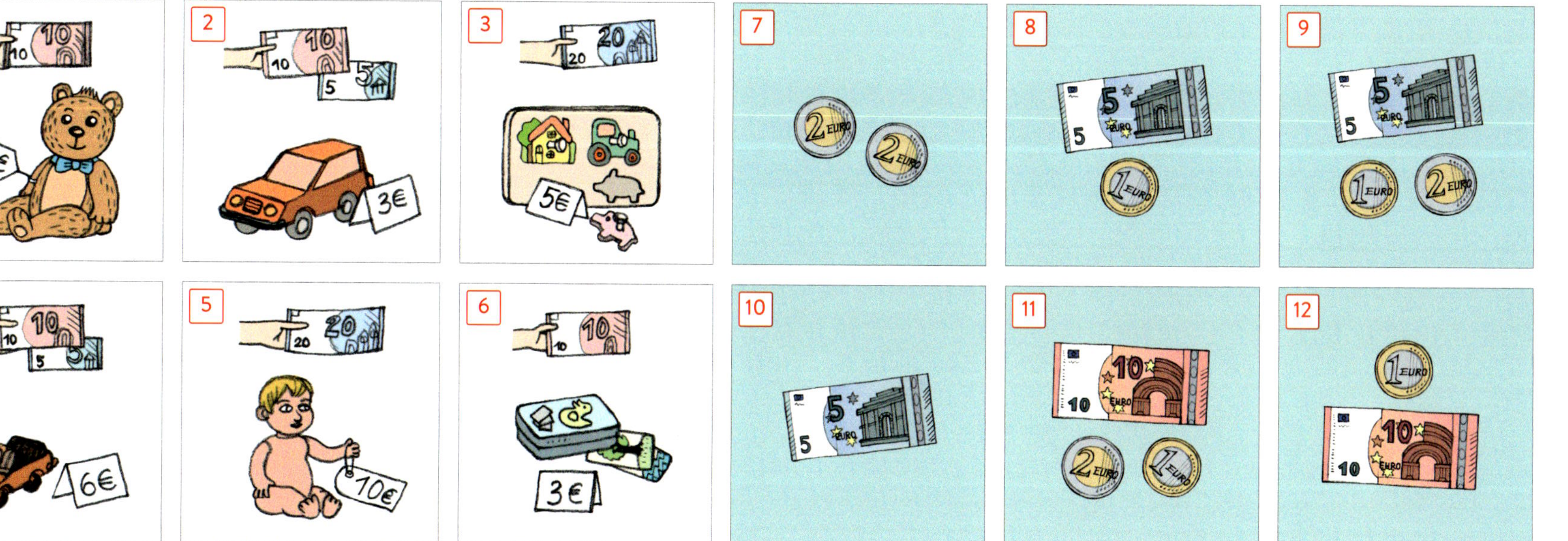
1
7€
2
3€
3
5€
4
6€
5
10€
6
3€
7
8
9
10
11
12

11€

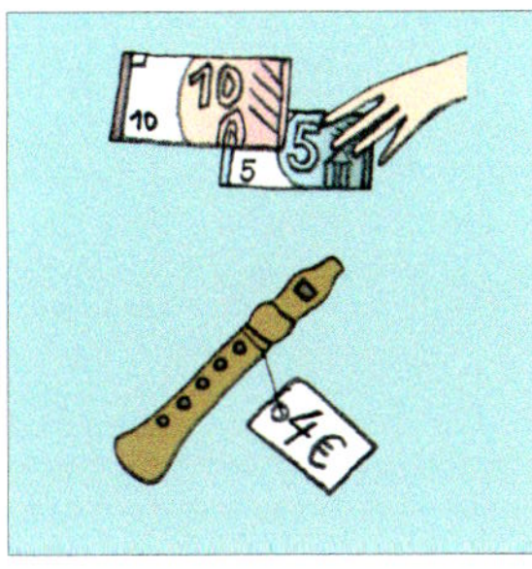
4€

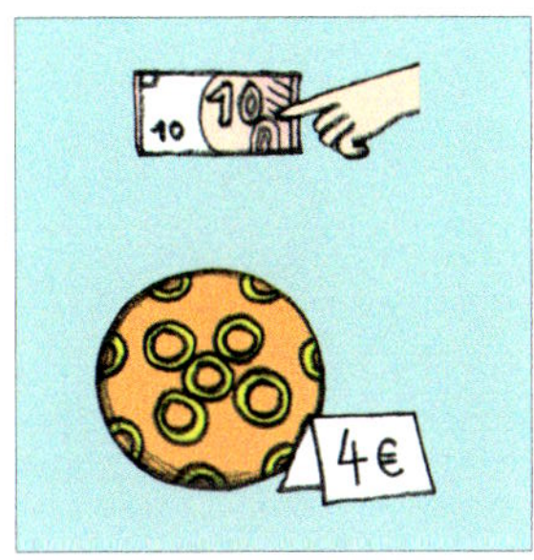
4€

7€

5€

12€

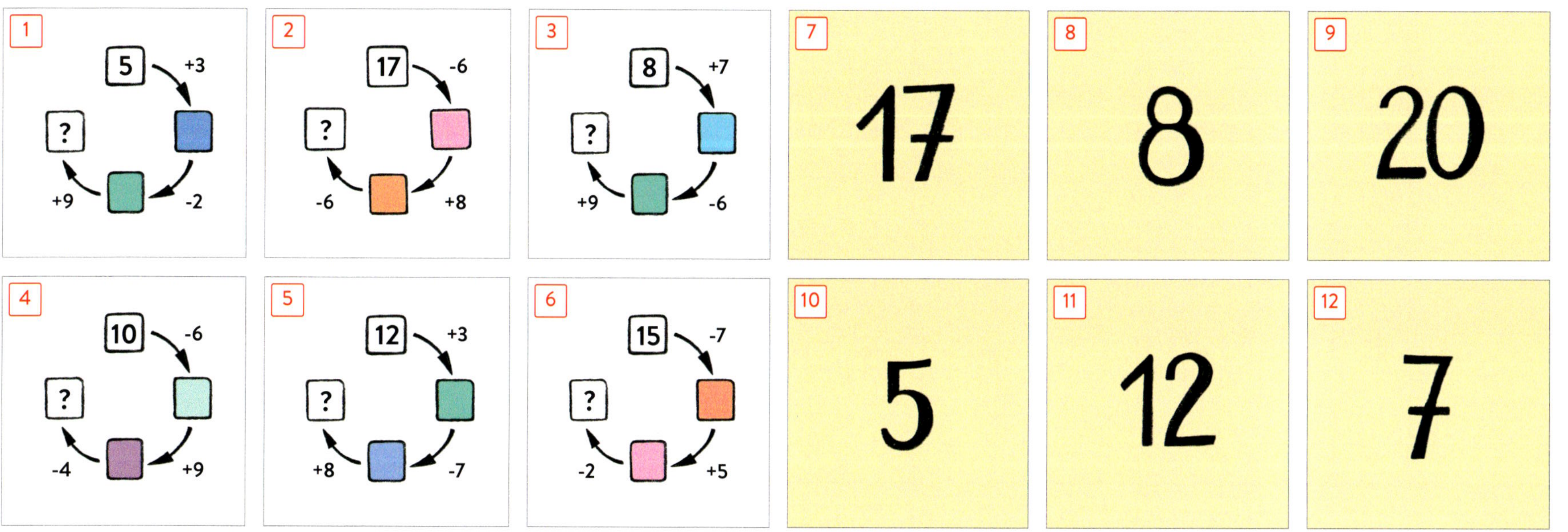

1
5
+3
-2
+9
?
2
17
-6
+8
-6
?
3
8
+7
-6
+9
?
7
17
8
8
9
20
4
10
-6
+9
-4
?
5
12
+3
-7
+8
?
6
15
-7
+5
-2
?
10
5
11
12
12
7

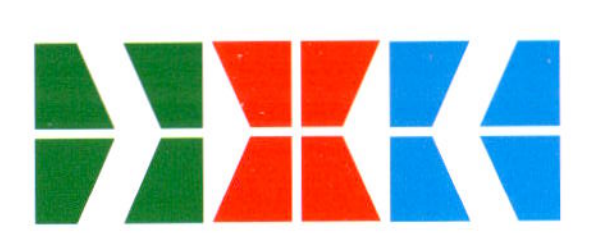

9	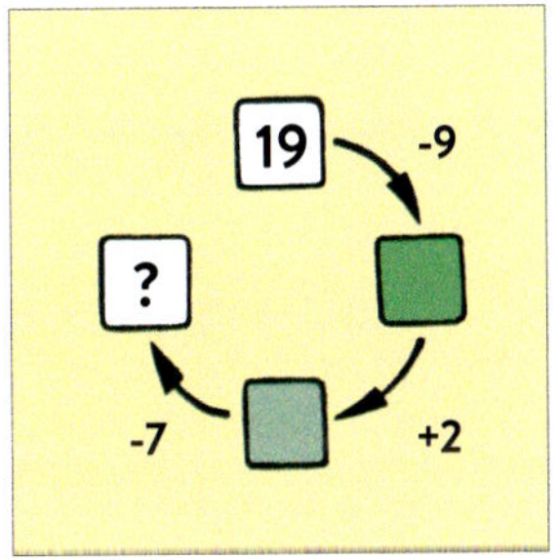 19 → -9 → +2 → -7 → ?	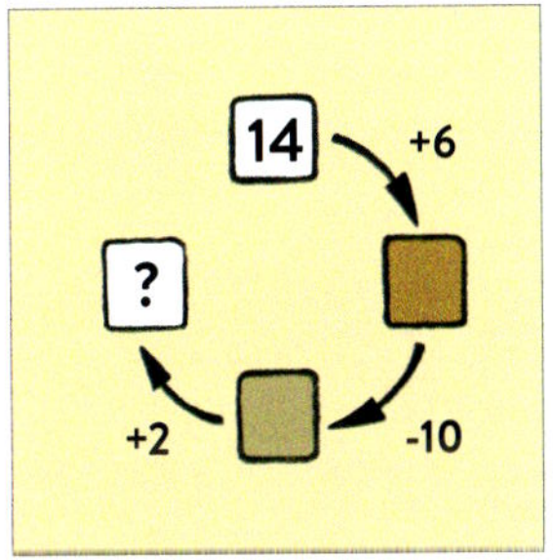 14 → +6 → -10 → +2 → ?	16	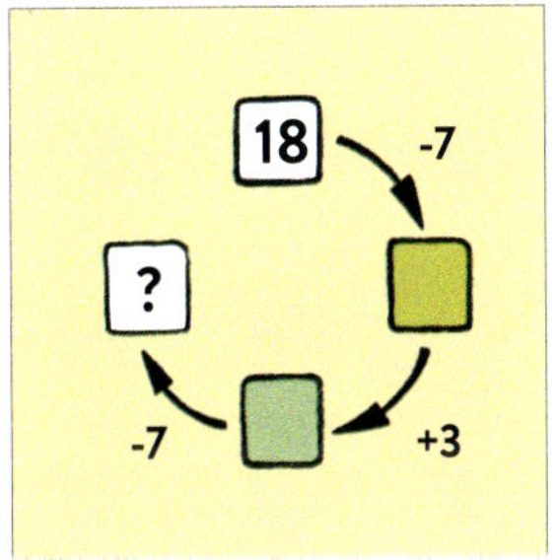 18 → -7 → +3 → -7 → ?	13
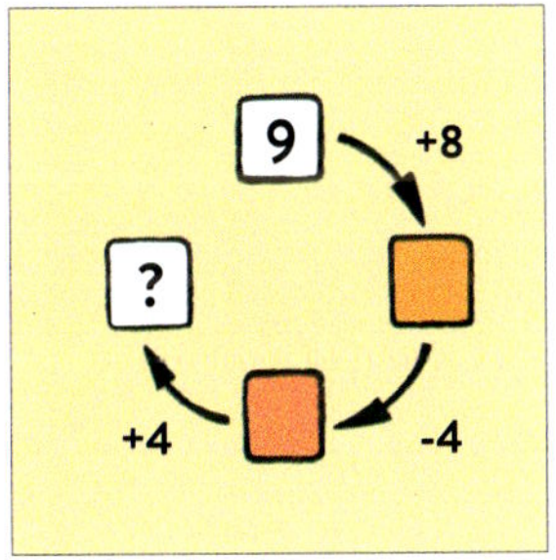 9 → +8 → -4 → +4 → ?	15	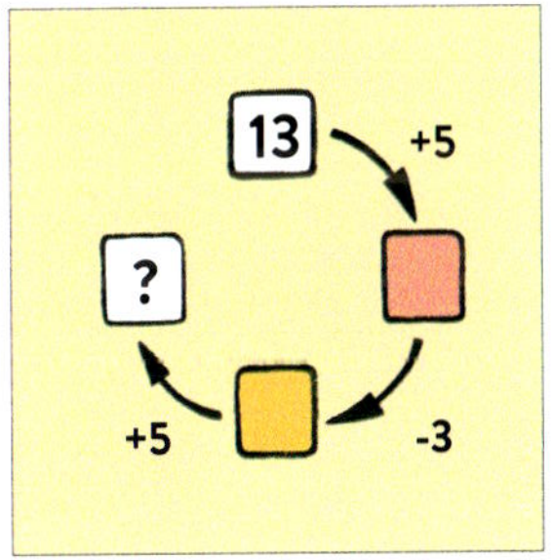 13 → +5 → -3 → +5 → ?	18	11	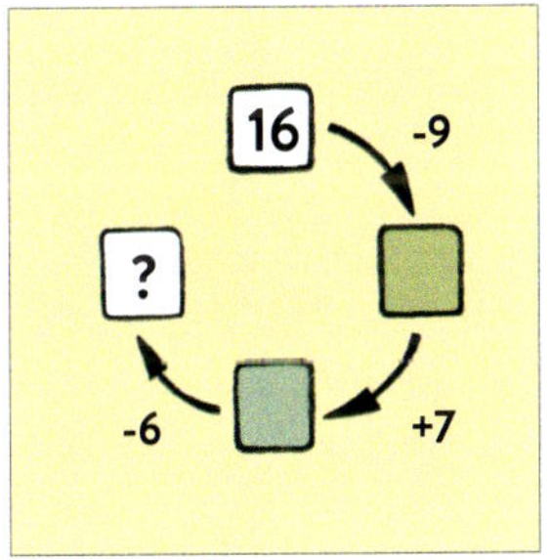 16 → -9 → +7 → -6 → ?

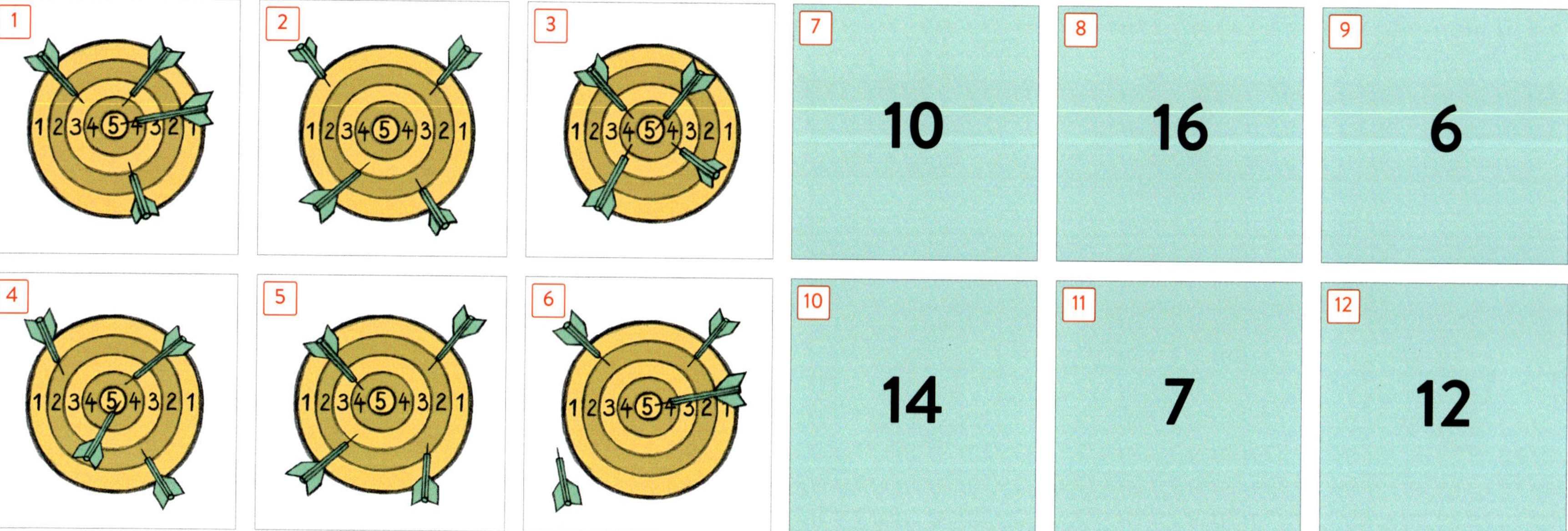
1
2
3
7
10
8
16
9
6
4
5
6
10
14
11
7
12
12